AFFAIRE
DE GRENOBLE.

N° II.

LETTRE

A M. LE COMTE

DE SAINT-AULAIRE.

PARIS,

J. G. DENTU, IMPRIMEUR-LIBRAIRE,

rue des Petits-Augustins, n° 5 (ancien hôtel de Persan).

1820.

LETTRE

A M. LE Cte DE SAINT-AULAIRE.

MONSIEUR LE COMTE,

Les faits que j'ai révélés et les pièces que j'ai été obligé de produire pour la justification de M. le vicomte Donnadieu, accusent M. le duc Decazes, votre gendre, et contrarient en même temps le désir que vous manifestez de placer cet ancien ministre à la tête du parti libéral. Vous avez senti le besoin de répondre au Mémoire relatif à l'affaire de Grenoble, et vous avez mis un grand empressement à le faire. Mais cette précipitation même devait vous inspirer quelque défiance sur vos assertions, et vous deviez craindre, ce me semble, d'outrager étourdiment un homme d'honneur, qui n'a d'autre but dans ses travaux que de mériter l'estime de ses concitoyens.

On peut ne pas partager les sentimens d'autrui, les hommes, malheureusement, peuvent être divisés d'opinions, mais il faut être d'accord sur les faits. Vous m'accusez d'avoir tronqué, d'avoir dénaturé des pièces que je rendais publiques. Ce reproche, si peu fondé qu'il soit, pouvait s'accréditer; et seul il me détermine à répondre à votre écrit, qui, pour les lecteurs impartiaux et attentifs, n'avait pas besoin de réfutation.

Deux faits principaux servaient de prétexte aux calomnies répandues contre M. le vicomte Donnadieu. On l'accusait d'avoir livré arbitrairement les coupable de Grenoble à des tribunaux militaires; on l'accusait d'avoir fait exécuter, sans attendre les ordres du gouvernement, des condamnés recommandés à la clémence du Roi.

Sur le premier fait, j'ai dit que, dans Grenoble, les tribunaux militaires devaient seuls prononcer sur le sort des accusés, parce que le département de l'Isère était mis en état de siége, et j'ai produit, entr'autres preuves, une dépêche télégraphique du 6 mai 1816.

Vous citez le passage suivant de la même dépêche :

« La plus grande sévérité doit être déployée;

« la Cour prévôtale doit juger sans désemparer
« les prisonniers ; le département doit être con-
« sidéré comme en état de siége, etc. » Et vous
dites : *Un étrange soupçon se présente à mon
esprit..... Serait-il possible que M. Berryer eût
tronqué cette dépêche*, etc. Ce soupçon est in-
jurieux et de mauvaise foi. Si la dépêche télégraphique est entre vos mains , vous devez
voir qu'elle est adressée au préfet du département de l'Isère et au commissaire-général de
police à Grenoble ; elle ne peut donc être restée
entre les mains du général Donnadieu ; et, en
effet, elle ne fait point partie des pièces qu'il
m'a confiées. Si vous eussiez examiné toutes
les pièces de l'affaire dont vous vouliez vous
occuper, vous eussiez vu que dans ce que j'ai
cité de la dépêche, j'ai copié *textuellement le
Bulletin administratif du département* de l'I-
sère ; n° 34, à la date du 8 mai.

Mais que n'avez-vous lu attentivement le
Mémoire auquel vous désiriez répondre, vous
vous seriez convaincu qu'il m'était fort inutile de
tronquer les dépêches du 6 mai, pour justifier
pleinement le général Donnadieu, et vos impu-
tations seraient plus réservées.

Je transcris, en effet, à la page 86 de mon
Mémoire, une lettre dans laquelle le ministre

dit au général, en parlant de l'état de siége : *Je présume que vous aurez devancé cette autorisation, l'art. 53 du décret du 24 décembre 1811 vous la donnant de plein droit.* Et le ministre (je l'ai dit) indique, en outre, les art. 101 et 103 du même décret. Le dernier de ces articles porte que dans les places en état de siége, *les tribunaux ordinaires sont remplacés par les tribunaux militaires.*

C'est donc par le texte seul de la loi que je repousse l'accusation portée contre le général Donnadieu. Il n'avait pas besoin d'autorisation pour traduire les prisonniers devant le conseil de guerre. Il devait *devancer* cette autorisation. Ce sont les paroles du ministre.

Je n'ai pas pu vérifier le contenu de la dépêche télégraphique du 6 mai, signée, dites-vous, par M. le duc Décazes. Vous renvoyez le lecteur au n° 8 de vos Pièces justificatives, mais elle n'y est point, on ne la trouve nulle part dans votre ouvrage. C'est un effet de la précipitation que vous avez mise en tout ceci. Si, comme vous l'assurez, la dépêche porte que *la Cour prévôtale devait juger sans désemparer,* je n'y vois qu'une preuve de l'ignorance de son auteur. Il y a là deux choses inconciliables : selon la loi, la Cour prévôtale devenait

incompétente, par le fait même de la mise en
état de siége du département.

Sur le second fait, j'ai dit que l'exécution
des vingt et un condamnés avait été ordonnée
par une autre dépêche télégraphique adressée
à M. le lieutenant-général Donnadieu, par Son
Excellence le ministre de la police générale.
J'ai donné *copie exacte* de cette dépêche.

Vous ne la contestez pas; mais vous prétendez (page 36) que j'ai *dissimulé la signature
de M. le chancelier, au bas de la dépêche télégraphique*, et vous dites que c'est là *une perfidie, une imposture!* Vous accusez *l'empor-
tement de ma haine* contre M. le duc votre
gendre.

Que parlez-vous de *signatures!* Une dépêche télégraphique, par la manière même dont
elle est transmise, ne peut pas arriver revêtue
d'une signature. Elle est adressée, au nom d'un
fonctionnaire, à un autre fonctionnaire.

Je ne puis mieux vous répondre qu'en dépo-
sant chez un notaire (1) l'original de la dépêche
télégraphique. Vous verrez, et on verra que
cette dépêche est expédiée au nom de M. le

---

(1) M. Chevrier, notaire à Paris, rue Vivienne, n° 22.

duc Decazes SEUL ; que je n'ai rien *dissimulé*, et que votre imputation est téméraire autant qu'irréfléchie.

Pour la défense de M. le vicomte Donnadieu, pour détruire la calomnie, il importait peu que la dépêche fût émanée d'un ou de plusieurs ministres, il suffisait de mettre au jour les ordres reçus par ce général. Et puisque l'original de la dépêche qui était sous mes yeux, constatait que les ordres d'exécution avaient été transmis au nom de M. Decazes *seul*, j'avais le droit de dire : « Quoi, M. Decazes! c'est vous qui avez « repoussé les demandes en grâce! c'est vous qui « avez donné l'ordre d'exécuter les vingt et un « condamnés, ainsi que David! c'est vous qui « avez promis vingt mille francs à qui livrerait « Didier! c'est vous qui, effrayé par les évène- « mens, avez adressé à quinze préfets une lettre « où vous leur abandonnez un pouvoir discré- « tionnaire! et c'est vous qui avez dit à la tri- « bune que *ces malheureux croyaient venir à* « *des fêtes et à des réjouissances, que le fait a* « *été positivement reconnu!*

« Conciliez donc vos phrases de tribune et « vos dépêches télégraphiques (1)! »

_____

(1) Pages 91 et 92 de mon Mémoire.

Je n'avais pas moins le droit de dire : *Peut-on concevoir que les ministres aient laissé le général Donnadieu sous le poids d'une accusation d'assassinat* (1)!

Voilà ce que j'ai imprimé. Une lecture plus attentive vous eût donc fait reconnaître que je n'avais nul besoin de dissimuler le nom de M. le chancelier, s'il se fût trouvé à côté de celui de M. Decazes sur la pièce qui était entre mes mains.

C'est ainsi qu'en lisant avec réflexion, vous ne m'auriez point accusé d'être tombé dans une *étrange contradiction,* en essayant : « 1° de « prouver que M. le général Donnadieu a « rendu un service immense en réprimant une « rébellion terrible ; 2° de prouver que ceux « qui ont été condamnés par suite de cette ré- « bellion, sont les victimes de la barbarie mi- « nistérielle ; en un mot, de faire du sang versé « la gloire de M. le général Donnadieu et le « crime de M. Decazes (2). »

Je viens de vous faire voir quelle a été ma pensée en produisant la dépêche télégraphique : j'ai voulu signaler une injuste contradiction

---

(1) page 94 de mon Mémoire.
(2) page 4 de la réponse de M. de Saint-Aulaire.

entre les actes d'administration de M. le ministre de la police générale et ses discours à la tribune; j'ai voulu condamner le silence obstiné, le silence coupable que M. Decazes garda quand M. le vicomte Donnadieu fut en butte à une calomnie qu'un aveu de ce ministre pouvait détruire. Mais je n'ai point *gémi*, comme vous le prétendez, *sur le sort des vaincus*, je n'ai point fait un crime à M. Decazes de ses rigueurs.

Ce n'est pas assurément que je me réjouisse de voir tomber des châtimens sur la tête de mes concitoyens, ou que je pense qu'il soit bon de gouverner avec des supplices. Que si malheureusement ils sont devenus nécessaires, mon cœur condamnera toujours la versatilité et l'imprévoyance d'un ministre qui, rendant à la trahison son audace, au crime sa liberté, au mécontentement des espérances, a fait jusqu'en ces derniers jours beaucoup de criminels.

Mais, monsieur le comte, vous avez pensé qu'il serait piquant de dire que j'avais *déploré les rigueurs de Grenoble*, et d'établir en même temps qu'il fallait imputer aux rapports de M. le général Donnadieu la sévérité des mesures adoptées par le ministère. Ce fait serait grave; mais quelles sont vos preuves?

Vous parlez (page 25) de deux dépêches télégraphiques adressées à Paris, le 6 mai, par M. le préfet du Rhône et M. le commissaire général de police à Lyon, sur ce que leur avait raconté M. de Saint-M......, officier que le vicomte Donnadieu avait chargé d'une mission pour Paris. *Ces dépêches, dites-vous, étaient propres à exciter les craintes les plus vives.* Mais, dans la rapidité de votre travail, vous ne remarquez pas que tandis que M. Sainneville annonce que QUATRE MILLE *insurgés se sont présentés sous les murs de Grenoble,* M. le comte de Chabrol dit seulement : *Un rassemblement d'environ* QUATRE CENTS *hommes a attaqué Grenoble.* Ceci peut être vérifié par les lecteurs qui verront vos Pièces justificatives, n° IV.

Vous citez ensuite (page 27) la lettre du vicomte Donnadieu, que M. de Saint-M..... apporta à Paris ; vous en parlez sous la date du 9 mai ; vous ne dites pas que cette lettre fut écrite le 5 au matin, au milieu de l'action, quand de toutes parts des rapports exagérés et contradictoires arrivaient au général, après un combat qui avait eu lieu pendant la nuit la plus obscure. Vous ne dites pas que ce que cette lettre contenait d'inexact fut rectifié dans une autre lettre du lendemain 6 mai, qui arriva à

Paris par *estafette* en même temps que M. de Saint-M......, porteur de la première.

Vous parlez, j'en conviens, de la lettre du 6; mais, chose étrange! c'est vous qui accusez les autres d'inexactitude dans leurs citations! Et je lis, à la page 22 de votre réponse, que les rapports du général étaient chaque jour plus menaçans, que *les conjurés, selon lui,* POUVAIENT *en peu d'instans mettre quinze mille hommes sur pied pour marcher sur Lyon.* Le général, monsieur le comte, ne dit point cela; sa lettre du 6 porte : *Des renseignemens nombreux sont venus éclaircir cette audacieuse entreprise, et faire connaître que des intelligences préparées dans cette province, et surtout dans cette ville,* DEVAIENT *mettre quinze mille hommes sous les armes pour marcher immédiatement sur Lyon.* Ceci est fort différent ; et de la découverte d'un projet avorté, vous faites une menace d'un complot prêt à éclater d'un moment à l'autre.

C'est peu ; dans vos Pièces justificatives (1), vous imprimez un extrait de cette lettre du 6 mai. Que ne vous êtes-vous donné le temps d'en lire une ligne de plus, vous auriez transcrit

_____

(1) N° 5, pièce E.

aussi la phrase suivante : *Comme l'affaire a eu lieu pendant la nuit, et que des feux de mousqueterie s'étaient engagés sur tout le front de la place, l'on avait jugé ces bandes plus nombreuses qu'elles n'étaient.* Et plus bas : *Je ne puis guère estimer leur nombre qu'à mille à douze cents.* Le général dit ailleurs qu'il comprend dans ce nombre ceux des rebelles qui se retirèrent au moment où l'affaire allait s'engager.

Si vous eussiez apporté à cette affaire un examen plus mûr, vous eussiez reconnu que la plupart des renseignemens que le général Donnadieu adressa, le 6 mai, au ministère, lui étaient fournis par M. Planta, prévôt de l'Isère, dans un rapport que j'ai imprimé, pages 26 et 27 de mon Mémoire.

Comment, d'ailleurs, voudriez-vous faire croire que les mesures adoptées par le ministère sont le résultat des seuls rapports du général commandant la 7ᵉ division militaire ? N'existait-il pas d'autres fonctionnaires dans le département de l'Isère ? Il y avait un prévôt à Grenoble, un préfet du département, un maire de la ville, un procureur-général de la Cour royale, un commissaire-général de police, tous ces magistrats ont-ils gardé le silence? S'ils ont été d'accord avec M. le vicomte Donnadieu, pourquoi n'accuser que lui? S'ils étaient en contradiction entr'eux, M. le duc, votre gendre, et les autres ministres, ne devaient-ils pas attendre et s'éclairer?

D'ailleurs (mais c'est trop exiger de votre empressement), puisque les archives du ministère ont été mises à votre disposition, et que vous en publiez les pièces *confidentielles*, ne pouviez-vous pas lire toute la correspondance du général Donnadieu, vous aussiez vu dans la même lettre du 6 mai : *La plus parfaite tranquillité règne dans le département de la Drôme;* dans une lettre du 8 : *Tout est dans ce moment fort calme; et dans la soumission et le respect aux lois;* dans une lettre du 11 : *Enfin, monseigneur, j'ai la satisfaction de voir que le calme va renaître partout, et que d'un malheur il résultera, j'espère, un bien réel pour l'État;* dans une lettre du 16 : *Rien ne s'est passé de nouveau depuis cette dernière époque, tout est rentré dans le calme et dans la plus parfaite soumission.*

La lettre que le vicomte Donnadieu adressa au ministre le 15 mai, après avoir reçu la dépêche télégraphique de M. Decazes pour l'exécution des condamnés, fait assez connaître ses sentimens. *Qu'un zèle mal dirigé*, dit-il (1), *et qui n'est exalté souvent qu'alors que le péril a cessé, ne fasse pas imaginer que c'est en faisant couler des ruisseaux de sang qu'on peut servir une cause aussi juste, et qui ne doit être étayée que sur des principes de bonté et de douceur, et non sur une cruauté inutile.*

Il est vrai que ce n'est là, selon vous, qu'une *sensibilité hypocrite;* ce n'est, à vous entendre, qu'une *boutade de pitié.* Cependant le général écrivait le 10 mai, quatre jours avant qu'il reçût la dépêche de M. le duc votre gendre : « La « ligne du bien a son terme, au-delà duquel il « devient un mal. Je pense que nous nous « trouvons ici placés dans cette situation, dans « l'emploi que nous venons de faire de toute la « sévérité des lois..... Il reste maintenant sept « ou huit cents hommes, débris de ces bandes, « qui courent les bois, poursuivis par la crainte, « et que je crois extrêmement pressant de faire « rentrer dans leurs habitations, pour éviter « que le désespoir ne les rende les instrumens « de chefs coupables qui n'ont pas de grâce à « attendre, et qui pourraient entreprendre une « guerre de partisans, capable de devenir un

_____

(1) Page 94 de mon Mémoire.

« foyer de rébellion difficile à éteindre dans
« un pays aussi propre à ce genre de guerre,
« qui deviendrait le rendez-vous de tous les
« mécontens et de tous les hommes sans res-
« sources. Ce qui nous reste donc à faire,
« monseigneur, en ce moment, je crois, de plus
« utile au service du Roi, c'est d'annoncer à
« tous ces malheureux qu'ils peuvent rentrer
« chez eux pour y attendre les effets de la clé-
« mence du meilleur et du plus juste des
« Princes. »

Cette lettre, ainsi que celles que j'ai citées
plus haut, n'étaient pas de nature à dicter des
mesures trop sévères.

Enfin, pour justifier vos assertions, vous
citez quelques phrases éparses d'une lettre
adressée *confidentiellement* au ministre de la
guerre par M. le vicomte Donnadieu, dans laquelle il soumet à Son Excellence son opinion
sur la situation générale du royaume, et sur les
moyens qui pouvaient être employés en 1816,
pour assurer le salut de la maison régnante et
des institutions nouvelles que le Roi a données
à ses peuples. J'abandonne les idées politiques
que le général Donnadieu avait en 1816, au
jugement des hommes qui réfléchiront avec
impartialité sur notre position actuelle, et sur

les funestes évènemens arrivés depuis quatre
ans. Ce n'est point d'après des fragmens épars
qu'il faut prendre une opinion sur cette lettre;
elle doit être lue en entier; et l'on verra que
si le général pense qu'il est bon de donner un
grand ascendant à la puissance militaire, du
moins veut-il que l'armée soit *étrangère à tous
les partis, à toutes les factions, à tous les in-
téréts personnels;* du moins ne demande-t-il
pas que le sang soit versé. C'est-là cependant
ce dont vous prétendez l'accuser. Je ne me
plains pas de la publicité inconvenante que
vous avez donnée à une lettre *confidentielle,*
étrangère au procès. Assez de réflexions ont
été déjà faites contre un pareil abus. Mais je
dois vous dire que cette pièce est tout à fait
indifférente à nos débats; il ne s'agit point de
censurer ou d'approuver les opinions que M. le
vicomte Donnadieu a pu avoir sur les affaires
générales de France; il s'agit d'examiner sa
conduite à Grenoble, le compte qu'il a rendu
au ministère des évènemens qui s'y sont pas-
sés, et les sentimens particuliers qu'il a ma-
nifestés envers les sujets du Roi. Je vous ai
répondu à ce sujet, et je puis vous rappeler
encore ce qu'il a fait à l'égard des officiers à
demi-solde, à l'égard de l'ex-colonel Gautier

et du chef de bataillon Rey, à l'égard de M. de
Vinzelle, à l'égard du bataillon de l'Hérault,
à l'égard de deux condamnés que le conseil de
guerre n'avait point recommandés à la clémence du Roi. Vous trouverez dans mon Mémoire tous les documens sur ces faits.

Comme je ne suis point de ceux qui croyent
trop facilement à la perfidie, je n'attribue vos
erreurs qu'à l'inattention.

Autrement, vous n'eussiez pas dit, en dé-
fendant M. le duc votre gendre : « Pourquoi
« M. Berryer, au lieu de répondre aux adver-
« saires qui pressent son client, vient-il en
« provoquer un nouveau qui n'était ni en dis-
« position de l'attaquer ni en mesure de se dé-
« fendre ? » J'ai beaucoup parlé de M. le duc
Decazes, mais ce n'était point m'écarter de la
question du procès. Il fallait dire d'où était venu
aux calomniateurs assez d'audace pour attaquer le général Donnadieu, en dénaturant des
faits notoires et authentiquement prouvés ; il
fallait expliquer comment la conduite du ministre a donné crédit à la calomnie et enhardi
ses auteurs. C'est dans cette pensée que j'ai
réfuté l'étrange discours que M. Decazes
prononça à la Chambre des députés ; c'est
dans cette pensée que j'ai révélé les machi-

nations odieuses pratiquées dans les affaires de
Lyon, et la tentative de faire du général Donnadieu le complice des fonctionnaires du département du Rhône, injustement accusés.
L'esprit de persécution de M. Decazes n'était
pas seulement dirigé contre le général ; et par
l'inconcevable conduite de ce ministre du Roi,
tous les serviteurs fidèles de la monarchie ont
été en butte aux persécutions et aux outrages.
Ici je devais naturellement 'rappeler, et la ridi-
cule conspiration du bord de l'eau, dans laquelle le vicomte Donnadieu fut aussi impliqué,
et cette honteuse Correspondance privée, dans
laquelle M. Decazes attaqua personnellement
le général Donnadieu, et essaya, mais en vain,
de ternir les plus beaux noms et de souiller les
réputations les plus glorieuses. Quel Français
n'eût, comme moi, senti battre son cœur à ces
tristes souvenirs ! quel homme, à l'aspect du
tombeau du fils de nos Rois, ne détesterait pas
l'auteur des criminels outrages publiés contre
le père du Prince assassiné ! Et vous dites que *des
écrivains feignent d'avoir à défendre le Prince
placé sur le premier degré du trône, comme
s'ils avaient le droit de faire de sa cause la cause
de leurs passions.* Oui, monsieur le comte,
cette cause est la nôtre, c'est celle de la mo-

narchie, c'est celle du Roi, c'est celle de la
France ; nous connaissons trop bien la per-
versité et les manœuvres de certains hommes.
Quand, aux premiers temps de la révolution, on
feignait encore d'environner d'hommages l'au-
guste chef de l'Etat, les artisans du crime li-
vraient à la calomnie les membres de la famille
royale ; et le Prince même qui nous gouverne
ne fut point alors à l'abri des plus odieuses accusations. Le trône, isolé, tomba ; cette terrible leçon ne sera point perdue pour notre
avenir.

Osez dire aujourd'hui qu'en développant à
la tribune les mensonges de *la Correspondance
privée*, qu'en déclamant contre un prétendu
gouvernement occulte, vous n'avez point voulu
attaquer l'héritier présomptif de la couronne;
vos paroles ont été comprises. Un loyal dé-
puté, M. Lainé, vous dit alors : *Si ce que vous
appelez* PUISSANCE *est invisible, c'est qu'elle
est couverte du crêpe de la mort ! Ah ! si
vous soulevez le voile funéraire, au lieu d'une
puissance, vous ne verrez qu'un père accablé
d'une douleur que nos débats ont rendue plus
profonde !* Vous ne vous êtes point récrié contre
cette interprétation de votre discours ; que
venez-vous nier aujourd'hui? Ah! monsieur le

comte, vous étiez plus franc dans les cent-jours!

Maintenant que je crois vous avoir bien fait comprendre l'objet et le plan de mon Mémoire, il m'est inutile de justifier les réflexions générales que les faits et les preuves m'ont arrachées ; je le redirai cependant, dans toute l'histoire du ministère de M. le duc Decazes, je ne puis trouver aucune pensée de bien public, aucun acte utile à l'établissement de la monarchie ; je n'y vois qu'un instinct journalier des moyens de se maintenir au pouvoir quelques momens de plus.

Vous en parlez bien autrement, monsieur le comte. Ceci s'explique d'un mot ; dans les cent-jours j'étais volontaire royal, et je déclarai, sur les registres publics, que je ne voulais ni de Buonaparte, ni des siens, ni de son acte additionnel ; dans les cent-jours, vous excitiez les habitans du midi à se rallier à l'usurpateur ; Dieu le veut, disiez-vous (1) ; aujourd'hui je gémis sur les actes de l'administration de M. Decazes, et vous y applaudissez.

C'en est assez, monsieur le comte ; je néglige vos injures et vos accusations de détail, pour ne répondre qu'aux points principaux de

(1) *Moniteur* du 11 avril 1815.

votre écrit. Il est pénible aux cœurs français
de remuer encore les souvenirs funestes du
passé. Nous avons besoin de nous livrer aux
espérances de l'avenir. La Providence s'est
rendue favorable, nos pertes se réparent, le
duc de Bordeaux nous est venu.

J'ai l'honneur d'être votre très-humble
serviteur

BE———— fils, *Avocat.*

Ce 11 octobre 1820.

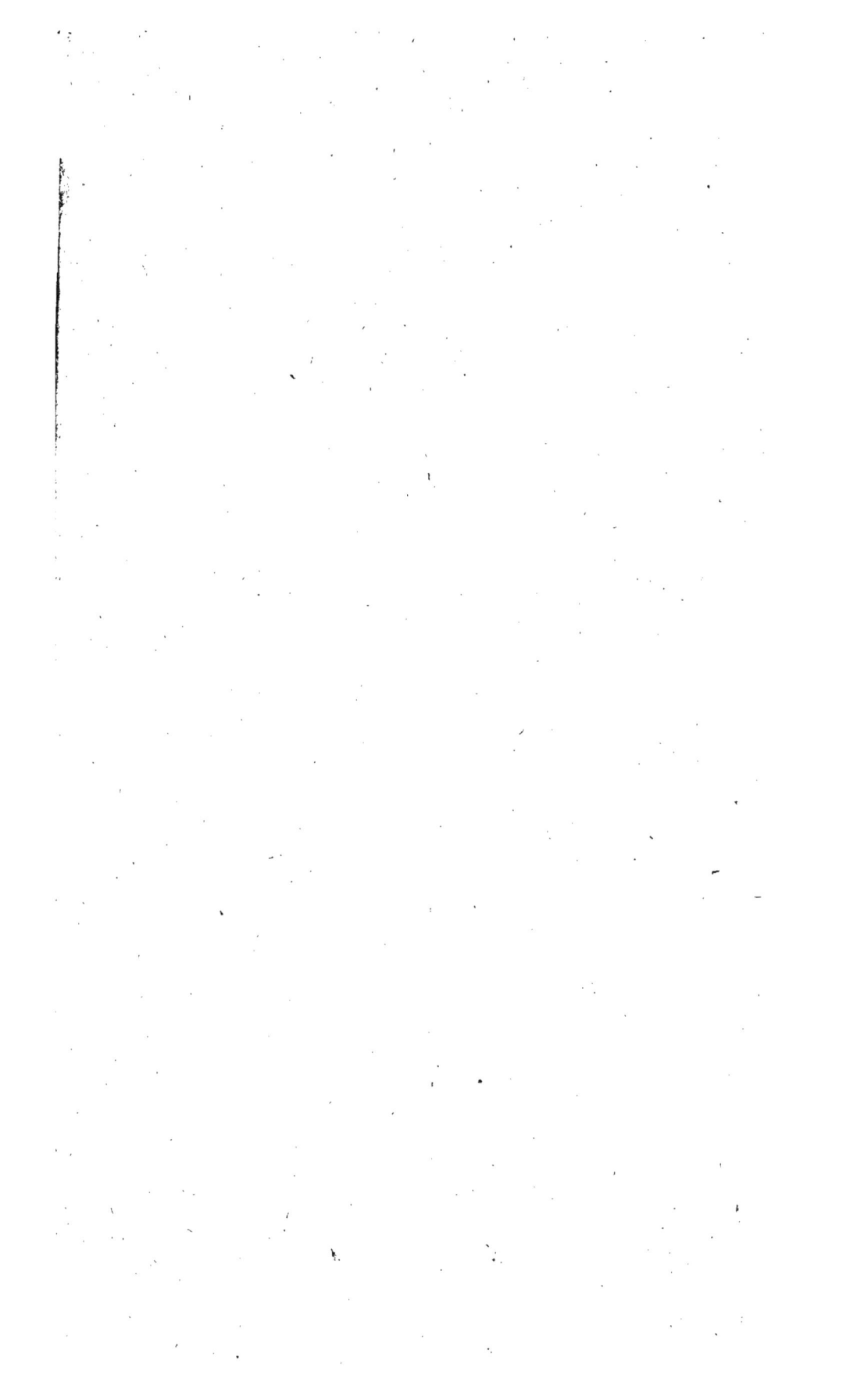